섬으로 초대

섬으로 초대

박미화 제4시집

푸른문학사

| 자서 |

시집을 엮으며

노을쯤에 환한 섬
따가지 못하네

딸꾹질하는 바다
새로운 송곳으로 일어선다
슬픔을 털다 속을 비웠다

- '섬으로 초대' 중에서

아름다운 날에 갈 곳도 많은 날에
이 책을 들고 계시니 또 고맙습니다.

진중하고 다감한 글이고 싶지만
덧없는 몸부림
한 권의 시집이 향기나길 바라봅니다.

그동안 저는 붉은 가슴으로
푸른 감옥에 들어
순간순간이 완벽하지 못해서
자유로운 시집으로 변했습니다.

서걱대는 이 마음에 정신을 넣었습니다.
감사합니다

2025년 봄

박미화

1부 섬으로 초대

매물도 · 14

해안 카페 · 15

회화로 가는 배 · 16

풀과 동행 · 17

섬으로 초대 · 18

가을 담은 빈집 · 19

독도 사랑 · 20

밤바다 · 21

밤 · 22

바다로 가는 신발 · 23

광안리 여름 · 24

식탁 편지 · 25

달이 숨은 바다 · 26

광안리 별밤 · 27

우울한 날 · 28

2부 어머니 봄

파도여 · 32
태화강 · 33
들꽃 · 34
야생화 · 35
꽃잎 · 36
꽃 사랑 · 37
노란 낮달 맞이 · 38
추억 하나에 · 39
사랑꽃 · 40
어머니 봄 · 41
달맞이꽃 · 42
봄 처녀 · 43
인생사 눈물 꽃 · 44
연연한 차 · 45
기억의 동반자 · 46

3부 서운암

조용한 미소 · 50

자연은 하나 · 51

백중기도 · 52

그림 나무 · 53

모정 · 54

서운암 향기 · 55

서운암 1 · 56

서운암 2 · 57

서운암 3 · 58

서운암 4 · 59

축복받은 잎 하나 · 60

금정산 · 61

금정산에 오른다 · 62

나의 고독 · 63

끝없는 길 · 64

4부 생일

생일 · 68
푸른 광복동 · 69
금낭화 · 70
해야 붉게 솟아라 · 71
철부지 둘리 · 72
나직한 삶 · 73
노래하는 산사 · 74
단풍 · 75
우두커니 · 76
하늘에 뜬 고독 · 77
다리 · 78
정오의 사색 · 79
참회 · 80
자연을 노래하다 · 81
해탈문 · 82

5부 종이꽃

·
·
·

동반의 발자국 · 86

제비꽃 · 87

종이꽃 88

이름이 흐르는 강 · 89

시란 · 90

날개를 펴다 · 91

골굴암 기행 · 92

절리 바위 · 93

성혼식 · 94

사람이 그립다 · 96

가을 소풍 · 97

낭만 고독 · 98

황무지 들꽃 · 99

참선 · 100

포장마차 · 101

귓전 명상 · 102

6부 가을빛 사서함

해넘이 · 106
어둠 빛 · 107
인연 · 108
느티나무 · 109
맥문동 계단 · 110
말의 뼈 111
보고 싶다 · 112
문고리 · 113
디딤돌 우정 · 114
가을빛 사서함 · 115
봄 · 116
글방 숙제가 · 117
미안했습니다 · 118
독도 · 119
천태산 천태호 · 120
연인 · 121

섬으로 초대　1부

매물도

거제 저구항 방파제 낚시터
빨간 등대 흰 등대가 눈 맞추는 걸 보아요
보는 것만으로 가슴에 용솟음친다

붉은 돔을 올려 볼까
아니면 참돔
삼치 꼬리에 구포를 달고

한 이불 속 남자
함께 돌아갈 남자
기쁨에 손톱만큼 젖네

가느다란 수평선 그은 가을밤
달빛 아래 손잡으니
함께라서 가슴에 윤슬이 인다

해안 카페

벽화마을로 설설 나선다
늦은 오후 햇살과 만남은
온통 불난 곳이 되었다

부채꼴 주성 절리
남산 아래 고풍스럽게 우뚝 선
현무암 기둥 긴 타원형이 웅장하다

햇살 핀 날
세월의 눈썹이 웃는다
두툼하고 낮은 집 카페 한 체

꽃잎같이 하늘거리는 파도
숱한 빗살무늬가 좋은
해안 카페 앉아 있다

회화로 가는 배

바람과 한 몸이 된 은비늘
푸른 우주를 만난다

이 어둠을 지우는 설렘
달과 눈이 맞추셨다

돛대의 깃발 바람에 젖네
물새가 울고 파도가 웃는다

춥지도 덥지도 아니한 바다
당항포 물의 집으로 간다

풀과 동행

일상이 헐렁해 숲길에 서다
터트리는 꽃망울 환해진다

영취산 빗살무늬 온천지 꽃 핀다
슬며시 거룩한 숲 이슬과 동행하고

서운암 범종 소리에 걸다
나뭇가지 위 작은 새
풍경 한 채 앉아있다

녹색 위에 빈터는 강이 흐르고
모란꽃 바람에 실어 온다

섬으로 초대

속이 투명해 출렁이는 곳
낮게 엎드려야 마음 닦는 다네
큰 바다 그 이상의 해류가 흐른다

전복 홍어 새우 푸른 여백
갈매기의 눈도 보고
벽에는 소금 꽃이 피었더라

바다의 속살은 푸르다
노을쯤에 환한 섬
따가지 못하네

딸꾹질하는 바다
새로운 송곳으로 일어선다
슬픔을 털다 속을 비웠다

가을 담은 빈집

구름은 낯선 모습으로
하늘을 쓰다듬는다
뜨겁게 몽글몽글

잘 익어 속살 터지는 과일
마냥 가을이 웃는다
파란 집 마당에 인적이 없다

아득한 빈 연못
가시연꽃 홀로 피어
빈집으로 떠 있다

고스란히 가을 닮은 빈집
푸른 눈물을 쓸어 낼
여름 설거지가 남은 집이다

독도 사랑

부산 항구는
통트는 은빛 파도에 눈부시다

항구에서 후려치는 소리
수직 수평선이 찡하게
해안 풍광이 놀랍다

크루즈 선상의 갈매기 춤사위
자유의 종소리에 외딴섬이 보인다

이슬 맺는 사랑으로
존재감을 심자 꽃을 심자
뿌리 깊은 우리 땅

밤바다

이 밤을 해치고 자맥질 길
별 그리고 배
박 선장 꿈

멜로디 타고 온
지구 중심 세상
메아리도 없는 바다

달빛 샤워하는 파도여
멸치 떼는 동해로 흐르고
갈치 사투 장

섬을 지키는 푸른 강물
장미같이 더운 여름
물방울이 즐겁다

밤

밤은 언제나 별을 품고 있다
눈 감은 하늘을 열고
걷고 싶은 밤이다

슬픔이 거칠게 버티는 중
파도 소리 밀려오고 그럼에도
걸어야 보이는 것들

어둠이 품고 있는 색
앵글 속에서 벗어나려 발버둥이다
그래도 지치지 마세요

너무 환하게 터지는 불빛
격하게 두근거리는 광안리 바다
금빛에 흠뻑 물든다

바다로 가는 신발

형광등 너머
유리 벽을 본다

국화꽃을 하얗게 실어

구천을 지나
은파를 건너가는 신발이다

땀에 젖어
강을 잊고 온 기억은
물결에 젖어 무거운데

떠나지 못하고
되돌아온 신발 한 짝
자꾸만 눈물이 글썽인다

광안리 여름

발맞춰 가자 하던 그이
가슴으로 먼저 걸어가
새가 되었다

해변 네온사인에
밤바다는 달궈지고
돌아온 연인들 모두
물가에서 흥겨운데

화가들이 흘려버린
물감으로 바다를 색칠해
모래톱 언저리도 취기가 올랐다

여름을 던진 바다를 향해
날개 펼쳐 장대비여 퍼부어라
소리 소리들이 여름을 적시고 있다

식탁 편지

식탁 위
푸른 강을 올려놓으면
물결 흔들림이 보인다

아이야 아빠가 오시는 날
1년에 한 번뿐인 만남에
현관문이 설렌다

그가 내준 강이 있어
등불은 가을을 거슬러 올라와
식탁을 채우는 푸른 피가 짙다

우리 오래된 만남은
수저 앞에 놓지 말자는 편지
파도처럼 오는 슬픔이었느니

강을 건너와 식탁을 읽고
한 잔의 귀한 차를 준비한
선물로 주시겠지

달이 숨은 바다

아빠는 눈치를 못 챈다
가을 남자는 잇몸을 드러내며
빈틈없는 채비를 시작해요

제주 물곰호 속에는
바람 강하고 파도 높고
뱃멀미는 뒷전이다

달이 잠긴 바다는
기러기 털처럼 부드러운데
낚싯줄은 물을 끌고 왔다

어린 씨알은 방생하고
망태는 물질하느라 보이질 않네
돌아온 미소가 참 길었다

광안리 별밤

북두칠성보다 더 밝은
광안리 밤바다
별꽃이 피어오른다

검은 물과 사람 사이
별빛 눈으로 다 포옹이 된다
다시없을 별밤에

새벽을 열어가는
붉은 여명 진공 속으로 숨는
25시 간판이 많다

한 겹 벗은 차림으로 춤을 춘다
아직도 물결인 듯
격조가 떨어지나

광안리 바다는 푸른 주막이다

우울한 날

과거를 끌어와서
개켜놓은 빨래 풀고 또 개고 있네
돌릴 수는 없을까요

가을빛 곡식 닮은 나의 어머니
갈색 바람에 발등을 찍네
자식 농사 가을 풍년인데

이끼처럼 피어나는 치매
엄마는 새처럼 자유롭구나
막내는 아직도 젖 먹고 싶은데

시무룩한 얼굴
웃을 것도 같고 올 것도 같은
예사롭지 않은 춤을 춘다

우리 어머니
세 살 먹은
아기같이

어머니 봄   2부

파도여

손과 발이 부딪히는 소리
쫄깃한 소금 맛
물색 토피어리

바다도 이력서가 있다
인파에 붉은 우체통
풍광의 생명 길

버선발로 왔다가
낯설게 오는 편견의 파도
지우는 것이 너만일까

물만 먹고 사는 파도야
인연의 물고기가 만나는 곳
치유의 뜰이게 하소서

태화강

펼쳐진 대숲 10리
갈증 해소 장미 축제
울산 정자 바다

주홍색이 살아 숨 쉬는 도시
호흡하는 그것도 자연이다
구간마다 국가 정원

울산을 키우는 태화강
곰보 시루 속 향기로운 꽃
유쾌한 목소리가 모였다

더불어 피는 꽃이여
건들건들 바람에 출렁이는 태화강
다시 올 무언의 약속을 받고 있네

들꽃

솔바람에 나부끼는 오솔길
들꽃 아가씨
길을 밝힌다

낮게 엎드려야 가슴에 와 닿는다
눈이 부신 감정 발전소
약풀이 되었다

황폐한 땅의 여유
산천 대천을 밝히는 꽃
걸터앉은 아픔을 털다

온전히 토닥여 주는
꽃 아가씨 날 쥐어흔들며
평화의 계단 풍경 한 체 우뚝 섰다

야생화

다시 올 약속도 없었는데
끙끙 앓아 가며
문밖에서 밝힌다

절망에 걸린 체
망망대해를 품고 서서
실록을 마신다

고삐를 풀어도 안전거리 유지한 체
붉은 눈물은 옻칠한 듯
빛나는 꽃을 피운다

공허를 잊자고
옆구리 책을 들고 섰다
주머니 향기는 오랫동안 풀었다

산 새 한 쌍
흩어진 향기 찾아
한나절 길섶을 뒤지고 있다

꽃잎

봄 온통 자글자글
버티고 선 등 굽은 나무
꽃 사서함 5호

뚜벅뚜벅 구두 소리
행렬이 길고
행복을 음미한다

파란 잎을 삼킨 붉은 얼굴
산사에 꽃이 피네
산사는 파스텔 궁전이다

아직도 봄인데
크고 작은 물방울 모인 동네
침묵에 내가 운다

꽃 사랑

낮잠을 잤다
꿈결에 첫사랑이 왔다 갔단다
살포시 키스해 주고

사랑이 뭐지
사랑은 비처럼 달콤하다
해처럼 뜨겁다

아픈 사랑은 꽃이라 했던가
꿈 깨는 연습
그냥 가게 하자

이름만으로 고독한 사람
다시 올 것 같은데
우린 사랑 꽃

노란 낮달 맞이

아련한 슬픔도 여정도
노란 낮달이다

그리움을 품는 것들과
살풀이하는 노을
은밀한 수화로 지나간다

슬픔도 풀색에 젖어 있어
출렁이는 꽃이 되네

찰싹찰싹 바다를 당기시는
그물 깁는 숙이 엄마
오다 보니 만났네

추억 하나에

밀려오는 눈물의 존재감
내 밖에도 안에도 홍등이
쉴 틈도 없이 황홀하다

웃음 안에 상처가
햇살처럼 문장의 향기로 피어나
산책을 나선다

생의 젊은 날
아침저녁으로
불꽃같은 환희가 핀다

내 사랑의 꽃받침이
되어주지 못하는 촌놈
침묵으로 기둥을 키운다

사랑꽃

인색하고 촌스럽지만
눈 뗄 수가 없었네
언덕배기 사랑 꽃

기죽지 말고 길 잃지 마라
꿈을 받아 적어라
내게로 와 쉬세요

불러 만나는 우리
연잎 바람에 가슴을 열고
종소리보다 은은한 여운 남긴다

새봄 첫 부추 향 품고
내리박는 비가 오는 날이
너무 짧다

어머니 봄

장경각 가는 길
얼굴 씻어 몸 세우고
자박자박 걷는다

통도사 명당 5만 평
하늘이 뿌린 알록이 달록이
엿 단지 보듯 눈을 뗄 수가 없다

출렁하는 율동이
연잎 스치는 바람의 노래
산사는 자연 속에 살고 있다

봄을 먼저 알리는 꽃등
폭포 속으로 만 송이 비친다
돌담 이끼가 되고 싶다

달맞이꽃

달빛이
낮은 곳으로 내려앉는다

달빛이 만지는 노랑 저고리
덤불을 헤쳐 금빛으로 앉는다

가볍지도 슬프지도 않은
그저 고요한 자태

내 안을 휘저어도
눈물 없는 목마름

별 대신 찾아든 지상에서
이슬을 벗고 달빛을 입어

누구도 꺾을 수 없는 등뼈
환한 미소가 열리고 있다

봄 처녀

땅을 들어 올리는
알맞은 속도로 피는
진 달 래

몸짓 하나에 눈이 간다
누구의 뜻일까
생명의 촉

출렁이는 바람
머리에 꽂은 꽃 떼 춤을 추네
봄의 전령사

아름답고 평화로운
섬세하게 다듬는 젊은 꽃
염치없게 사랑합니다

인생사 눈물 꽃

사람과 사람에게는 말이 살아 있다
흙이 다른 길 위에서
침묵으로 기도한다

보이는 것 보다
보여 줄 그 무엇을 위해
오늘도 걷는다

소망의 크기
사랑하기에 가둔 말
아들딸 잘되라고

알갱이가 안기는 순간
강처럼 쌓아두는 게 아니라고
껍데기로 남는다

연연한 차

바다 보이는 오두막집
버너가 불맛을 기다린다
사랑을 데생한 새싹

햇살 안고 피어오르는 숲
수확을 한 차향이 짙다

가랑비 젖는 밤
작설차 앞에서 나의 명상을 말리며

두 손을 모으다
털을 깬 낯선 선물
눈을 맞추며 구름을 먹고 있다

기억의 동반자

아득한 벚나무
꽃바람 물결 살 위에
비늘 언어로 만났다

날개를 이끄는 일
아무 짓도 안 하면
꽃도 아니다

젖은 눈으로
붉은 악보를 거꾸로 읽었다
거꾸로 봐도 너는 나다

홀로 되어서
불편한 화석을 바라볼 뿐이다
멀리 간 동반자

3부

서운암

조용한 미소

양을 찾아서
교만과 경솔함이
솔밭으로 가고 있다

멈추지 않은 놀이터
불과 물이 뒤섞인 둥근 자연
소나무 그늘 자리

빈 들에 돌과 이끼가 살아있다
수행하는 사랑 꽃이 핀다
범사에 자신을 굽힌다

넓은 통도사 정원의 속삭임
꽃들이 옷 벗는 소리
더위가 녹아내린다

자연은 하나

달은 어둠을 밀고 온 햇살
바람과 풀잎 생명의 촉
옴 하나에 자연계

낙엽이 모여 사는 지상
하나인 것은 아름다운 자연
시간 안에 숙소 나도 하나다

바람은 둥지가 없다
흐르는 것이 부드럽다
쩍 금이 간 죽은 자는 자연이다

한 해의 다발 꽃을 보낸다
여명의 창 넘어 은유가 촉촉한 새날
하늘과 바람이 자연을 바느질하네

백중기도

통도사를 깨우는 쇠 북소리
석등이 부스스 눈을 뜬다
백중날에 눈물을 반짝이며

불두화 꽃잎 창 열고
사라진 영혼을 찾아서
한 떨기 기도를 올린다

인연의 공덕이 바래질 때
남은 자의 기도로
조상님 만나는 잔칫날이 된다

날마다 향을 피우고
구천에 가 닿은 법문으로
검은 구름에도 하얀 꽃이 핀다

그림 나무

그 안에는 신의 화가
사랑의 집
열린 책들

미래에 관한 낙관
창문 넘어 도망간
짐승 이야기

달콤한 복수
샘을 잘하는 벙어리와
언어의 광기가 서린 웅변가

우주를 걷는다
사람들에게 보내는 편지
공중곡예사 여행 기록

모정

여기부터 행복 연결하기
땅 먼지 냄새
버팀을 소통하는 씨앗

바람이 벽을 허무는 것
번개가 광 못 박는 소리도
나와 닮은 외롭다는 말

태양을 품고
소멸과 저항의 균형 맞추기
글로 적을 수 없는 마음도 있다

바람이 없어도 흔들리는 엄마
인생은 일회성 여행길
갈매기 끌고 가는 아침의 어머니다

서운암 향기

낯선 언어를 품고 오네
반구대 암각화 풍경
산의 음률 따라 여기까지

꽃물이 스며든
한 줄기 바람 지푸라기에
생명 불어넣는 사람들

도시를 스캔하여 온 길
하얀 뿌리 푸른 갈증에 타고
약된장 바람에 절인다

염색 축제의 향기
유빙의 바다 서운암
봄 화전을 굽는 놀이터다

서운암 · 1

산들산들한 솔바람
독경에 물들이듯
내가 왜 나부끼나

십육만 도자 대장경
모국의 맛 산골짜기 푸른곰팡이도
천년을 끌어올릴 극락정토 터전이다

무주 구천 흔드는 멋
한해살이 겹겹 살이 모두
등불 되어 피는 땅

불러온 시란 깃발이
영축산 배 볼록 차옵니다
날마다 꽃이 되는 서운암

서운암 · 2

소박한 금낭화 절제된 매무새는
깃발처럼 춤춘다
나무 의자에 누워 편안하다

장독 속 수행은 조선의 맛
통도사 깊은 역사
연화세계를 펼친다

질 좋은 향토살 빚어
도자기 법문이 되다
하늘과 소통하는 서운암

층계를 밟는 두근거리는 내부
비색을 낳는 장경각 뜰
어둠에서 밝음 서둘지 않는다

맺힌 마음 풀러 가는
공양미 두 봉지
나를 붙들고 행복을 먹인다

서운암 · 3

산사의 끈
축원 하나 등짐하고
소박한 매무새로
조용한 처소에 든다

연화세계 장독 수행 길
금낭화 미소 우리 부처님
달항아리 안고 계시다

구천에 가 닿는 법문
날마다 꽃이 피는 서운암
석등에 미소는 덤불을 거둔다

나직한 삶
갈망에 노란 낮달 맞이는
일체가 자비로운 길

서운암 · 4

푸른 수염 부처님
배꼽 사리 달항아리 앉고서

파동의 입자로 오시는 분
이 괴로움 다 거두어 주소서
간청하옵니다

넘쳐나는 풀 향기
어둠을 지나는 길

마룻바닥이 반질반질
절하고 또 절하는

금낭화 장독 마을에
깊은 밤 죽비 소리

날 친다 날 깨운다
나는 아직도 종이 보살이다

축복받은 잎 하나

고향 왔다가
액자 속에 그녀 모습
소탈한 것들과

차가운 하늘
언제나 푸르른 날
끊임없는 이야기

한 번 더 웃어봐
땅과 멀어진 친구야
위치가 궁금하다

침묵의 소리 여백의 자유
화려한 속삭임
너를 사랑해

금정산

학처럼 앉은 산
산마루가 세수한 듯
개운한 금정산

무거운 파도를 털러
금정산에 오르면
신록을 마신다

낙엽이 모여 사는 금정산
야생화가 웃음을 굽다
푸른 하늘 잡으러 간다

금정산에 오른다

끙끙 앓아도 조타
고당봉이 보이면
제대로 뛰고 싶다

나는 금정산에 정박한다
곤룡포 색깔과
개울 소리 돌이끼 이쁜 고장

아픔이 없는 온기로 품어주는
둥근 마을 부산 금정구 소재지
풍경이 일품이라

맥문동 길 감정 발전소
들꽃은 길을 밝히며
주름살 돌계단이 웃다

나의 고독

가슴에 물동이 하나
무색의 피멍

내 안에 굴러다니던 꽃잎은
온전히 어디로 갔나

투명한 빈 잔을 두고
나와 내가 싸우고 있는 공간

별은 나를 읽고 있다
침묵이 얼굴엔 술독이 올랐다

끝없는 길

구두 발걸음 소리에
달려가는 나는
당신에게로

당신의 괘종시계 맞추어
태엽 감는 나는
당신의 바위 꽃

정년까지 왔으니
이보다 아름다운 길
어디 있으랴

다시 시작
바그너를 들으며
텃밭에 앉아 노래 부르자

생일 · · · · 4부

생일

애처로운 날갯짓
저 달 속에 있네
눈물의 뼈를 줍는다

초록에 어색함과 두려움
밤의 방문객 오시는 날
내가 아파 우는 밤

사생활 가둔 나날들
나의 유산의 밑거름
날 버려야 보이는 어머니

향초 길로 찾아오소서
오늘은 어머니 기일입니다
막내 녹차 한 잔을 올립니다

푸른 광복동

광복동 거리
한낮은 출구가 따로 없는
푸른 광장

나비 브로치 출렁이던
붉은 블라우스 옷깃에
별빛이 걸어 나온다

맑은 눈빛에 젖어
흐르는 물결을 만나고
얼굴은 해처럼 빛났다

빛이 출렁이는 계단에서
영글어 가는 사과
아직도 붉은 가슴이다

벌판에서 침실까지
불태운 하루의 침묵
은총이고 유산이다

금낭화

별과 눈이 맞아
숲에 기대어 피는 꽃
금낭화에게 길을 묻는다

서로 다른 화염으로
서로 다른 빛으로
봄 편지를 쓴다

계절에 젖어 서성이다
눈동자에 서로를 담고
홀로 빛나는 속삭임

하루 짐을 벗고 나니
내 삶의 시간은 붉은 날
24년 금낭화 뜨락에서

해야 붉게 솟아라

갑진년이 온다구요
계묘년 해는 웃고 갔는데
아직 등살이 따갑네

밝은 창이
어둠을 먹어 치우듯
새 아침이 건너왔다

해는 솟았다
용솟음치는 이 아침
우리들 옵션

철부지 둘리

가고 없지만 가족
아직도 기도를 한다
오늘이 떠난 날

카메라 샷에 숨넘어가는
따라 웃는 귀요미

나의 꽃밭을 깨우는
너는 나의 장미다

나직한 삶

홀로 빛나는 의식의 계단
그대 그리고 속삭임
달을 건지려 했지

펄펄 높이 날았는데
내 삶의 시간은
어둠과 동행

백팔번뇌 걸어온 길
나를 위해 죽어간
붉은 날

다양한 저항의 속에
지금 우주에 사는 것은
순간에 꽃이 있는 까닭이다

노래하는 산사

은근히 흐뭇해지는
행복 곡선을 따른다

넌지시 끓어넘치는 마음
낮달 웃음에 산사

옴

일주문만 들어서도
부처님 길 위탁받네

염불 못 해도 반긴다
들어서면 업장소멸

노래하는 스님이 있어
빠르게 깨치게 하네

웃음을 굽는 산사
나무 그림 쌓는다

단풍

12월은
버티고 선 등 굽은 나무
파란 선을 먹어 치운 계절

와글와글 품격의 자리에
나무 그림으로 섰다

창을 끼고 돈다
풀을 삼킨 붉은 얼굴
세상의 기호를 가리킨다

바닥을 끌어안고 있다
그 침묵에 내가 운다

우두커니

아픔을 주는 세상
화려한 지옥 속 정서
거뜬하게 바라볼 뿐이다

나를 파고드는 잡념들
바위틈을 비비고 있는
한 다발의 눈물

외로움은 지옥이다
나의 지상에 감상
마음의 쉼표

다정했던 이웃도
나를 위한 기도가 아니었다
우두커니 바라볼 뿐이다

그립던 얼굴이었는데
그도 내가 그립다 할까
허탈해 내가 웃는다

하늘에 뜬 고독

영혼이 머무는 별
마주한 나의 심장과
존재의 그리움 24시

밤이 지나 아침을 보듯
나의 꼬리지느러미
흰 고요가 길게 흐른다

그늘막 사랑 벽
빛의 그리움에 피가 식고
바람 세례에 가슴 아프다

붉은 윤곽의 속에
성경을 읽고 불경을 필사하는
울 엄마가 있다

다리

푸른강 나무 그늘이 물끄러미
옥상에서 달을 본다

물비늘 속 내가 걷고 있다
달빛을 덧칠하며 나도 흐른다

계절을 건너온
숲 아래로 다다른다

껍질 벗은 골목
긴 다리 아래로 출렁이며 간다

정오의 사색

행간에 앉아 사색을
실눈 뜬 숨소리
늪에서 벗어난다

구름 먹는 소리
초록 바람 만 리를 돌아
실루엣 그린다

무성한 보물이 차 있는 곳
나의 색깔은 흰색일까
낙서를 지우자 웃는다

우주 속에 램프는 내가
이제 곰삭아 맛을 느끼는 나이
채울 수 있어 가슴이 뜨겁다

참회

고개를 숙이고 참회합니다
찬 바람에도 미륵보살
침묵의 말씀 따라

마음도 쉬어가라고
가슴에 그린 그림을
참회합니다

살면서 억세진 나를
물색 바람이게
용서하십시오

하루하루 경매가 잘 되게
슬픔이 고단하지 않도록
눈 녹듯 용서하옵소서

자연을 노래하다

사람이 그립다면
정박한 배에 오르세요
갑판에 비린 향 털어 내는 곳

부산을 이룬 청량함은
파도와 골짜기 개울 물소리
더부살이로 업힌 돌이끼까지

솔밭 잡목처럼 드나드는
단풍 아줌마 낙엽 아저씨
사랑이 넘치는 길

10월에 불꽃처럼
긴 시를 읽는 산사로 가자
사람들이 거기에 있다

해탈문

인생은 자비로운 연등 길
깊은 바다 지그시 눈 감고
지혜의 창으로 때를 씻다

누구나 온화한 눈으로
남의 허물은 벙어리 되고
자신을 불러내지 말고

자식은 세상에 두고 보는 꽃
집착의 문턱을 넘어서면
환한 길이 뻗어 있다

화엄의 끝에 피는 해탈
등 굽은 채 꽃밥을 짓는다
소리 없는 법문 속에서

5부 중이꽃

동반의 발자국

헛기침 소리
비색을 그려 넣는다
침묵의 꽃
만날 때와 떠날 때
세월도 아쉬운 친구다

어떤 인연은 아리기도 하고
어떤 인연은 기쁨이다
서로 만남은
화폭에 남겨진 여백인 듯
아직도 내 안에 있다

기 빠진 나를 부축해 주던 이
물결에 떠밀려 가고
간직하지 못한 구름
가끔 하늘을 올려다본다

유리창에 금긋는 날
내 젊은 날에 불빛
오십 고개 넘어서야 핀다

제비꽃

운무 속에
보랏빛 선명한
들꽃

새소리
바람 소리
풍경에 물든다

꽃잎 조각조각
바닥에
그림을 그려 놓는다

종이꽃

사는 동안에 백지 위에
물만 드리다 가는 사람
엄마꽃

살아도 살아도 그 자리
어느덧 봄이 마르고
가을로 왔구나

감사의 꽃으로
누군가의 꽃밭이고 싶다
눈에 띄지 않아도

홀로 섰다 눈 감을
생각이 많은 엄마꽃
후회 없이 잘 사셨네!

이름이 흐르는 강

물그림자에 젖어
그렇게 촛불로 살던 내 친구
강물에 줄타기하네

흩어진 손길을 모아
낮달 아래 흔적을 남기며
강바람 타고 흐르네

마음에 품은 눈빛
강물을 건너가고 없지만
별빛 같은 널 잊지 못하네

순도 높은 그림쟁이 삶
붓끝은 공방에 열꽃이 되고
나는 너이고 싶었다

시란

때론 색깔 경계를 넘어서
가방 속에 핀 풍경
꽂게 될 결정체이다

살 떨리는 글
누군가에게 가서
속내를 탁본한 무거운 짐

만근 되는 질문과
나침판 없이 가는 길

태워도 재도 없는
돌을 키우는 일이다

날개를 펴다

보고 싶어
불꽃으로 들어가
하늘 끝을 날고 싶다

사랑을 찾아
울다가 벗어 놓을 울음 새
움츠린 좁은 문을 열고
햇살 드는 곳으로 간다

눈물을 감춘 민낯이
화원을 찾아 날개를 편다

흐르는 시간은 초록 숲이다
뜨거운 만남을 위하여
이별을 준비한다

골굴암 기행

찾아가 느껴보는
굳은 땅에 흔들리는 길
육각형 돌기둥 응회암 바위산

몸집보다 더 큰 구름으로
산 넘어오는 파도 길
돌부처 가슴속을 지나간다

하늘과 통하는
눈부신 여행지
맥박 소리 쿵쿵 들린다

절리 바위

아침 해무가 물새 보금자리
바위를 보듬고 있다

태풍의 펄럭이는 칼바람
낙타 등 바위를 친다

심청이 변주곡 섬에 닿고
파도는 하얀 눈물 꽃

바위에 찍힌 낙관
몽상 바위가 찡하다

맑은 물에 능금처럼 뜨는 해
지느러미를 키우는 일

하늘 품은 바위 꽃
바다를 지키는 사랑 바위

성혼식

오늘 결혼하는
내 아들아 며늘아기야
너희들 미소는 행복의 씨앗이란다

이해는 마음이 갖는 꽃이요
믿음은 평화를 부르니
오직 온기 품은 말 한마디가
사랑을 부른다

서로에게 동의를 얻고
속내를 서로 보이는 존중으로
결혼의 꽃밭을 매일 걸어라

달항아리 진열한 장식 대신
더운 밥그릇을 식탁에 올리는
서로에게 봄바람이 되어 주고
꽃 보듯 눈을 마주해라

너희 두 사람이 가꾸는 세상은
오직 하나
행복에 머무는 오아시스에
넘치는 사랑이란다

사람이 그립다

그와 만남은 봄날
기쁨 속에 맞은 눈빛과
아픔의 유통기간도 잊었다

가슴 흔들리는 동안
행인과 나그네 아닌
답도 질문도 하나였다

서늘한 기억 풋풋한 향기
찻잔에 들어온 별
별 하나의 껍데기 벗기고

엄마는 치매
대립은 끝도 없지만
이별도 후에 더 그립다

가을 소풍

꾸물꾸물 부풀어 가는 꽃과 단풍
그냥 가볍게 떨구는 계절
날씨도 참 일품이다

바리바리 담아 묵힌 자리
하트 잎 붓대처럼 곱게 세우고
풍성한 가을 소풍

팔만대장경도 마음 하나 요약인데
내 짝도 소풍이 즐겁다고
산양처럼 뛰어다녔다

가슴안 습기는 물결에 도달하고
덥석 받는 위로가 미안타
세월의 허세도 빠져갔다

낭만 고독

바다에 주저앉아 나올 수 없었다
어둑어둑해도
마음이 무거워서

오징어를 익히며
바닷가 추억 그 고독한 로맨스
다시 끝에서 시작된다

빡빡했던 그들을 찾아가야지
상냥하지 못해서 미안했고
고향 같은 그 무엇이 사라졌다

마음은 새털같이 가벼워졌다
슬픔이 가득한 건축물이
어느새 사라진 후

황무지 들꽃

흙 기운 마법의 정원
나뭇잎 배 타고 왔네
초록빛 깔린 길

꽃신 신고 온 들꽃
계곡 아래 절벽 황무지 터
끈끈한 땅의 호흡

거룩한 산 뜨락에 곱게
비너스 풀 찰랑찰랑 단홍색
매력을 휘감고 피었다

참선

선방에 가부좌로 앉은
법당 앞에 목화송이 핀다
건강 발원 이어지는 강물

설상가상 폐지처럼 살다가
힘이 빠지면 허기 채우려
낙타를 타고 들어선다

불심에 숨구멍을 뚫는다
기도는 물빛 같은 꽃
심상을 낮추고 보면 보이다

돌에 박힌 슬픔 그림자
꽃이었다가 새가 된다
참선은 신의 희망이다

포장마차

심연에 낮달 내리면
가슴으로 낸 길을 가고
태양보다 밝게 웃어요

가두면 아파하고
마디가 굳어지는 하루살이
균열과 흉터는 삶의 경비

철판 불 냄새와 기름때
부딪히는 술잔 소리
속풀이하는 걸음마다

별이여 형제여
들판처럼 익어갑시다
푸르고 황금빛으로 건배

귓전 명상

나무 아래 앉아서
몸의 사용법을 읽는다
눈은 실눈 마음은 풀고

미련 없이 놓아버려라
과거가 우습다고 말하지 말고
혼자라도 행복해라

높고 낮은 희망 끈
꼬들꼬들 테두리가 생긴다
너무 많이 아는 것도 분란이다

꿈과 멀어지는 것들과
끌려가는 호구가 아니라
배심 풀어 놓는다

가을빛 사서함   6부

해넘이

사막을 다스리는 모래
새벽을 밝히는 바람
천년의 아침을 식탁 위에

눈을 무겁게 깔고
하루하루 수레에서 튀어나와
동쪽 나라 사막을 걷다

더부살이가 고달프다
어둠을 먹어 치우는 해넘이
눈 감아도 안테나가 선다

하루야 욕봤다
포도주 한잔 어때
금빛 발자국 내려서다

어둠 빛

어둠과 빛 흩어진 향기
더 아픈 아련한 마음 그릇
당신의 이름으로 줍는다

봄이 오면 눈이 녹고
눈물 자리에 꽃무릇 핀다
노을 속으로 사라지는 꿈

말 없는 평등
나를 치는 죽비소리
빗방울 변주곡을 듣는다

자주 걷던 따스한 그곳을
햇빛에 데워 드릴게요

인연

함부로 온 것은 없다네
쪽빛 바람을 타고
다정한 풍경에 닿는다

놓칠세라
팔랑팔랑 바람꽃
후려치는 갈댓잎 떨어진다

행복은 맛있는 시 한 편
과체중에 꽃수레 되어
함박웃음은 얼굴의 절반이다

눈 맛과 손맛
함부로 말할 수 없다
큰바람이 작은 바람 뿌리가 되었다

느티나무

고성 회화면 배둔 장터를 지나
동네로 들어선 어귀마다
온통 느티나무

가지 늘어뜨려 우산 펴고
장 구경에 지친 할머니들 쉬어가라고
큰 그늘 지어주는 양산이다

동네 들어오는 액
몸으로 막아선 방패
들고 나는 정 다 아시는 듯 웃고 있다

쇠죽 끓는 아궁이 앞에서
고구마 구워내는 솜씨는
큰아기 추억을 되살리는 요리사

우레를 몰고 오시던 아버지
보이지 않는 강 건너가셨어요

맥문동 계단

눈금 차이 계단
잘 못 들어 내려갈 수도 있는데
오르는 계단 눈금이 높다

구두끈을 질끈 조여 매고
무너진 길을 잃고 나면
눈물이 날 때도 있다

길가 꽃들도 숨을 고르고
가로수도 그 길 아는지 내려다본다

고개 숙인 목마른 날이면
구멍 난 양말도 벗어 던지고
그날의 오솔길을 달리던 단맛이 그립다

보랏빛 미소로 웃어주는 맥문동
어디서나 밥투정하지 않고 크는
다 오른 계단 위에
그 미소가 부럽다

말의 뼈

술통 아빠는
호흡을 당기듯 말이 뼈가 되어
물통 소리를 낸다

단순함에 가슴을 열고
살기 위해서
묵언하네

사랑의 기술자여
달려와 포옹해 주오
참 고맙다고

빈 가슴이 더 아프다는 것은
고도의 호흡 속 말의 뼈
벼락같은 말을 하지 말자

보고 싶다

빗살무늬 굳은살 그릇
꽃구름 먹구름 정거장
인생 조각배

한 울타리에 살았는데
가족은 어디에 가고
어둠을 지우는 미소 약국 앞

울컥울컥 일어서는 눈물 마음 살이 넋두리
들국화 하늘이 참 많이 예쁘다

아직도 사랑해서 미안해
고난을 넘어선 여기까지가
수줍은 혼밥이 쓸쓸

문고리

향기 나는 겨우살이
소금의 눈으로 태양을 품은
작가와 독자 방

등을 파고 쪽물 들이다
얼음 둥지 옥고가
수줍게 하얀 미소가 된다

망망 대를 품고 서서
열망하는 진짜 사람이 있다
돌고 도는 이념의 숲에

붕붕거리는 어금니
서재는 고삐를 풀어도 안전거리
공연히 책을 들었다 놓았다 했다

디딤돌 우정

백 반 나이 지난 우정
내게 손길을 많이 내어준
넌 그런 향기였다

내 안에 너의 문신은
내 허리를 감고 위로하고
호젓한 그런 날엔 눈물이 난다

친구 냄새가 나서
맑은 비밀을 느낀다
바다를 붉게 물들게 하네

깔린 그림자 사이로
백기를 들고
범종 소리 따라
요단강을 지나갔네

가을빛 사서함

느리게 살기다
빨리 오라면 빨리 가는데
가을빛 사서함

산수 좋은 계곡 단풍아
익으며 가는구나
계절이 창조주다

삶이 오고 가듯
단풍도 이별하며 풀풀 거린다
가을은 서늘하게 온다

뼈마디가 먼저 돌아보는 가을은 그리움
단풍 자체가 순수해
꽃이다

초록 밑그림 위에
총천연색 물감을
덧칠하는 경기장이다

봄

실눈 뜨고 다가서는 봄
잠 깬 버드나무 강물에 발 씻고
따스한 봄볕에 입맞춤한다

강물이 풀려 겨울 상처 잊고서
제비꽃 내게 미소를 보내고
바람난 하객들과 놀다

햇살 바람에 머리 빗고
핫 핑크 숲으로 올라가니
솔방울도 꽃이네

휘어진 산수유 가지
짓눌린 허리를 펴는구나
그래서 봄이지

글방 숙제가

소낙비 지난 자리에
얼음 여왕은 새벽잠을 잔다

미안하다 어처구니없어서
흥건한 잉크의 비밀

성공은 칼날 위에서 핀다
너무 아파도 보고

어둠을 먹어 치우듯
새 아침을 맞네

아직도 등살은 따갑다
가출하고 싶다

미안했습니다

누구의 잘못인지 몰라도
두 개의 눈으로 한 개의 촉수로
지뢰밭을 걷는 기분

삶의 여백이 여여하지 못해
내가 밉습니다
슬프지만 명랑하게

고개를 숙이고 마음 쓰다듬지만
살면서 억세진 사슬
원망하였습니다

사는 게 이런 게 아닌데
낳아 주셔서 고맙습니다
눈 녹듯 용서하십시오

독도

파란 하늘 푸른 바다
역풍에 정점을 찍고
우리 뼈가 깊게 박힌 독도

항해는 희망이다
이 푸르름으로 넘어오시구려
오방색 몸에 매달고

한 다발의 눈물과
한 숨통 두 숨통 뇌를 스친다
독도는 누가 뭐래도 조선 땅

물안개 입가 주름 털고 일어선
살얼음 날에 다시 갈 독도
이리로 오면 안 되겠니

천태산 천태호

그 산에 저 호수
하늘색 물들인 연록 빛
무심한 듯 따듯한 손

가을 길을 쓰다듬네
가을 닮은 물색으로 선 천태산
귀를 열어 울림 듣는 호수

샘물 같은 향기를 베 먹는다
노여움도 풀어 놓고
도시 불빛 찾아간다

경치 좋은 자리
돌아보고 또 돌아보는 이유는
생명수가 있는 까닭이다

연인

말이 살아 있어 사람이다
너와 내가 어디서 왔대도
함부로 온 것 아닐 거야

쪽빛 바람 타고 찰랑찰랑
오늘도 시 한 편이 되는
우리는 연인

알갱이가 안기는 순간
껍데기가 벗겨진 만남
함박웃음 얼굴 가득

서 씨 김 씨 하나 되어 새 출발
알맹이 하나에 사랑
둘에도 사랑

푸른문학선 · 227

섬으로 초대

2025년 3월 5일 초판 인쇄
2025년 3월 10일 초판 발행

저 자 | 박 미 화
발행인 | 李 惠 順
편집인 | 이 은 별
주 간 | 임 재 구

발행처 | 푸른문학사
등 록 | 제 2015 – 000039
주 소 | 서울시 강북구 도봉로 313 효성인텔리안빌딩
전 화 | 02) 992 – 0333
팩 스 | 02) 992 – 0334

신 문 | 푸른문학신문(인터넷)www.kblpn.com
BAND | 푸른문학
이메일 | poet33@hanmail.net

cafe.daum.net/stargreenwood푸른문학사

ISBN 979-11-94629-01-6

값 12,000원

이 책은 저작권법에 의해 보호를 받는 저작물이므로 무단전재와 복제를 금합니다.
사) 한국예술인복지재단 지원으로 출간하였습니다.